Los sobrevivientes

Escrito por
Bryan Kandel

bryankandeltprs.com

Ilustrado por
Nina Millen

ISBN: 978-1096375876

Enhanced with Online Resources!

Throughout this reader are links to a variety of online resources, such as audio narration and comprehension activities.

To access these resources, look for an arrow icon on the bottom of the page. Next to the arrow will be a unique URL and QR code. Enter the URL into any web browser or scan the QR code. Try the one on the bottom of this page to get started!

 VocesDigital.com/SVP2

Tabla de contenidos

Capítulo 1

Camilo está nervioso. Se sienta en la cama en una habitación de un hospital uruguayo. Está esperando a su médico. Camilo es un niño de 11 años. Tiene el pelo **ondulado**[1] y negro y los ojos castaños. **Parece**[2] un niño típico de Uruguay. Pero Camilo no es nada típico. Tiene un problema en el corazón y necesita una operación.

El médico entra a la habitación y Camilo sonríe un poco. El médico le cae bien. Es amable y siempre **anda**[3] con una actitud positiva. Lleva una **bata**[4] blanca, del mismo color que su pelo.

El médico le dice a Camilo:
«Creo que vamos a operar mañana. ¿Estás listo?».
«No sé, doctor», responde Camilo. «Es que tengo miedo».
«Es natural. Todos tienen miedo antes de una operación. No te preocupes. Dentro de tres días estarás en casa, jugando videojuegos con tus amigos».
«¿Me lo promete?».
«Te lo prometo».
Camilo se siente un poco mejor. Le pregunta al doctor:
«¿Qué hace usted cuando tiene miedo?».
«Cuando yo tengo miedo, pienso en una historia que conozco, que me da fuerza y **confianza**[5]».
«¿Una historia?».

1	wavy
2	seems, looks like
3	walks, goes
4	coat
5	trust

«Sí. Una historia sobre el **coraje**[6] y el espíritu humano».

«¿Me la cuenta?».

«Sí, con mucho gusto».

Camilo se pone más **cómodo**[7] en la cama y el médico empieza a contar la siguiente historia.

Capítulo 2

Hace 40 años había un equipo de rugby cn Uruguay. El rugby es un deporte duro que se juega en varias partes de Latinoamérica. En el equipo había muchos hombres jóvenes. Eran hombres fuertes, atléticos y **llenos**[8] de vida. Jugaban en una liga de rugby en Uruguay, pero a veces jugaban contra otros equipos de otros países.

Roberto Canessa era uno de los jugadores. Tenía 19 años y estudiaba medicina en la universidad. Le encantaba jugar al rugby y era muy bueno. Tenía novia y planeaba casarse con ella. Roberto **había crecido**[9] en un barrio rico con una

8 full
9 (s)he had been raised

familia acomodada. Su padre era médico y a la familia no le faltaba nada. Pero Roberto no estaba satisfecho con la comodidad de su casa y no buscaba una vida tranquila. Vivía cada momento intensamente y buscaba la aventura.

En octubre de 1972, a Roberto y a sus compañeros se les presentó la oportunidad de jugar contra un equipo de Santiago de Chile. Los hombres decidieron **alquilar**[10] un avión de la Fuerza Aérea Uruguaya. Era la manera más fácil y **barata**[11] de hacer un viaje a Chile. El capitán del equipo les dijo a sus compañeros que había algunos asientos **extra**[12] en el avión y que podían invitar a sus familias. Nando Parrado, otro jugador y amigo de Roberto, **aprovechó**[13] la oportunidad e invitó a su madre y su hermana. Sabía que ellas disfrutarían del viaje. De la misma manera, otros jugadores invitaron a sus familias al viaje para que los acompañaran y también para que disfrutaran de una excursión. Iban a pasar cuatro días en Chile y podrían ir de compras y conocer la ciudad antes y después del partido. Todos estaban emocionados.

Cuando llegaron al Aeropuerto Internacional de Carrasco, el jueves 12 de octubre, vieron su avión. Era un FH-227. Era pequeño y blanco con dos motores, y tenía "Fuerza Aérea Uruguaya" escrito en un costado. Era obvio que el avión era viejo y había hecho muchos viajes, pero nadie tenía miedo. Roberto abordó el avión, entusiasmado por la aventura que estaba por venir. No sabía cuán intensa sería esa aventura.

Cuando el avión **despegó**[14], había 45 personas a bordo: 40 pasajeros y 5 tripulantes (los pilotos y los asistentes del vuelo). El avión cruzó Argentina sin problema, pero cuando llegó a la cordillera de los Andes, en la frontera entre

---

10	to rent
11	cheap
12	extra
13	(s)he took advantage
14	it took off

Argentina y Chile, hacía mal tiempo. Hacía viento y nevaba. No podrían cruzar los Andes. Era demasiado peligroso, entonces el piloto decidió **aterrizar**[15] el avión en la ciudad de Mendoza, Argentina. Tuvieron que pasar la noche en Mendoza y esperar al día siguiente para seguir con su viaje a Santiago de Chile.

Roberto desembarcó del avión. Estaba desilusionado por no estar aún en Chile, pero no perdió la oportunidad de pasarlo bien en la ciudad de Mendoza. Primero, trató de organizar un partido **amistoso**[16] de rugby, pero sus compañeros, cansados por el viaje, no querían jugar. Invitó a algunos a acompañarlo a un bar para cenar. Pidieron comida y bebidas y conversaron. Roberto quería buscar una discoteca después, pero sus compañeros le convencieron de volver al hotel para dormir y no gastar la energía que necesitaría para el fin de semana.

Capítulo 3

Al día siguiente, el viernes 13 de octubre, los jugadores del equipo y sus familias fueron al aeropuerto y abordaron el avión para volar a Santiago de Chile. Todos estaban de buen humor y listos para llegar a su destino final. Dentro del avión, cantaban y jugaban con un balón de rugby, **tirándolo**[17] de un lado a otro.

El avión despegó a las dos de la tarde. Después de despegar, el piloto trató de cruzar los Andes por un paso donde las montañas no eran tan altas. Sin embargo, el cielo estaba muy nublado y el piloto no podía ver bien. Cometió un error fatal. Creía que había cruzado al otro lado de las montañas, que había llegado al pueblo de Curicó y podía

---

17   throwing it

seguir hacia Santiago. Pero cuando cambió de dirección y empezó a descender, se encontró con el corazón mismo de las montañas.

El avión bajó de las nubes y había montañas y nieve por todos lados. Los pasajeros vieron las montañas y la altura del avión y supieron que había un problema. Había turbulencia y todos se **abrocharon**[18] sus **cinturones**[19] de seguridad. Mientras el avión **bajaba**[20], los pasajeros sentían más pánico. Se miraban unos a otros con terror. Algunos pasajeros empezaron a **rezar**[21] y todos estaban esperando el inevitable **choque**[22] del avión.

18	they buckled
19	belts
20	it was going down
21	to pray
22	crash

El piloto trató de **subir**[23], pero no pudo. La cola del avión chocó con el **pico**[24] de una montaña.

---

23   to go up   VocesDigital.com/SVP13

24   peak

Capítulo 4

El contacto con la montaña **desprendió**[25] la **cola**[26] y la parte de atrás del avión. En ese momento, cinco pasajeros que estaban en los asientos de la cola **cayeron**[27] a su muerte.

El resto del avión chocó dos veces más con la montaña y perdió las alas, primero el **ala**[28] derecha y después el al´ izquierda. wings

Wins

El fuselaje siguió **resbalando**[29] por la montaña hasta
detenerse[30] en un banco de nieve.

---

sliding
o stop

Después de tanta conmoción, gritos, choques, caos y pánico, hubo un momento de silencio. El fuselaje del avión estaba descansando en paz. Era un **tubo**[31] blanco en un mar de nieve blanca. Después de unos dos minutos, algunos pasajeros empezaron a moverse. No estaban muertos. Estaban vivos.

Roberto era uno de los sobrevivientes. Abrió los ojos y vio la situación. Había tanta destrucción… Había **vidrio**[32], metal, madera y cuerpos por todas partes. Roberto estaba sujetado a su asiento por el cinturón de seguridad, pero el asiento no estaba en su lugar original. El impacto con la montaña había cambiado completamente el interior del avión.

«Estoy vivo», pensó Roberto. «¿No estoy muerto? ¿Cómo es posible?».

«Estoy vivo», dijo Roberto en una voz suave.

«¡Estoy vivo!», gritó Roberto. «¡¿Hay otros vivos aquí?! ¡Ayúdenme, por favor!».

---

31   pipe, tube
32   glass

En ese momento, Roberto oyó la voz de otro pasajero.
«Te ayudo, Roberto».

Era Gustavo. Otro jugador del equipo. Había confusión en
sus ojos y **sangre**[33] en su frente.
«¡Gustavo! ¡Estás vivo!», gritó Roberto.
«Sí, estoy vivo, y hay otros. Tenemos que ayudarlos. Vamos».

Gustavo ayudó a Roberto a destrabar su cinturón de
seguridad. Roberto se levantó. Tenía dolor de cabeza y
de piernas, pero no tenía nada **roto**[34]. Miró el escenario
completo dentro del fuselaje. Vio que algunos de sus
compañeros no estaban heridos. Su amigo Eduardo estaba
de pie. Vio a otros que estaban gritando o llorando de dolor.
Y vio a otros que no se movían. En ese momento, Roberto
supo[35] que no todos habían tenido la misma suerte. Supo que
algunos habían muerto.

---

33   blood
34   broken    VocesDigital.com/SVP18
35   (s)he found out

18

Capítulo 5

«¡Roberto, ayúdame!», gritó Gustavo. «¡Tenemos que buscar más sobrevivientes!».

Roberto, Gustavo, Eduardo y los otros que podían ayudar empezaron a atender a los **demás**[36] pasajeros. Liberaron a los vivos y los **heridos**[37] de sus asientos. Cuando encontraron el cuerpo de un compañero muerto, lo sacaron del avión para dejar espacio adentro para los sobrevivientes. Lo pusieron en la nieve al lado del fuselaje.

No había tiempo para pensar. Roberto, Gustavo y Eduardo estaban levantando asientos, quitando objetos, ayudando a la gente y sacando los cuerpos. Cada vez que sacaban a un compañero, tenían que volver al avión para buscar más. Entre los cuerpos muertos que encontraron estaban los de Nando Parrado y su madre, Eugenia. Su hermana, Susana, no estaba muerta, pero estaba gravemente herida. Susana se quedó en el fuselaje, pero a Nando y su madre los pusieron afuera.

Uno de los muertos era el piloto del avión, pero el copiloto no había muerto en el choque. Estaba vivo, pero estaba completamente atrapado en su asiento y herido. Roberto se le **acercó**[38] para hablarle.

«Señor», le dijo Roberto, «¿está vivo?».
«Sí», respondió el copiloto. «¿Me puedes ayudar?».
«Claro. Con dos o tres hombres podemos sacarlo y ponerlo

---

36   the rest, others
37   injured
38   (s)he approached

The rest

con los demás, en el fuselaje».

«No. Eso no se puede hacer. En un **gabinete**[39] hay un revólver».

«¿Un revólver?».

«Sí, una pistola. Necesito la pistola. **Tráemela**[40]».

«¿Para qué?».

What For

El copiloto miró a Roberto sin responder, pero Roberto sabía la respuesta. No podía **aguantar**[41] el dolor. No tenía esperanzas de sobrevivir. Quería suicidarse.

39   cabinet

40   bring it to me   VocesDigital.com/SVP20

41   to bear, put up with

Capítulo 6

En total, doce personas murieron en el accidente inicial y treinta y tres sobrevivieron. Sin embargo, las condiciones en la montaña eran brutales. Hacía muchísimo frío y nadie estaba acostumbrado a las temperaturas muy bajas ni a la nieve. Además, estaban a una altura de casi 3.600 metros. Ellos eran todos uruguayos y vivían a una altura de menos de 500 metros sobre el nivel del mar.

Durante la primera noche, la temperatura bajó a -30°C. Los sobrevivientes se juntaron y **se abrigaron**[42] lo mejor posible. Abrieron todas las maletas y buscaron cada abrigo, chaqueta, suéter, camisa, guante y bufanda que había para ponerse.

Roberto trató de **animar**[43] a sus compañeros.

«Hermanos, juntos podemos aguantar el frío. No se rindan. Cuídense uno al otro. Compartan los abrigos y las **cobijas**[44]. Podemos sobrevivir la noche y mañana **vendrá**[45] la ayuda. Seguramente ya se sabe que hemos **chocado**[46] y dónde estamos. Mañana vamos a casa».

Lamentablemente[47], cinco pasajeros más se murieron durante la noche; el total **alcanzó**[48] los diecisiete muertos.

42	they bundled up
43	to encourage
44	covers, blankets
45	(s)he/it will come
46	crashed
47	sadly
48	(s)he/it reached

VocesDigital.com/SVP21

Capítulo 7

Roberto pudo dormir solamente por ratos de cinco o diez minutos. Pasó toda la noche escuchando los gritos y llantos de sus compañeros heridos y pensando en las familias en Uruguay. ¿Sabían que sus hijos estaban muertos? ¿Sabían que había sobrevivientes? ¿Iban a ir a buscarlos?

Con el **amanecer**[49], el sol apareció y la temperatura **subió**[50], pero no cambió la situación para Roberto, Gustavo, Eduardo y los otros. Roberto empezó a dormirse otra vez cuando oyó algo en la distancia. Miró a Gustavo, quien lo había oído también.

«¿Qué es eso?», preguntó Gustavo.

«Suena como un…», dijo Roberto.

«¡Avión! ¡Es un avión!», gritó Gustavo.

Todos los que podían se levantaron y salieron del fuselaje. Miraron hacia el cielo y vieron un avión pequeño pasando. Empezaron a gritar y a saludar al avión.

«¡Ayúdennos! **Socorro**![51] ¡Estamos aquí!».

---

49   sunrise
50   rose
51   help!

El avión ni paró, ni dio la vuelta, ni demostró ninguna **señal**[52]
de que los había visto, pero eso no le quitó la esperanza a
Roberto. Les dijo a sus compañeros:

«Está bien, hermanos. Seguramente nos vio y va a avisar a
otros que pueden venir en helicópteros para **rescatarnos**[53].
Dentro de poco, vamos a casa».

Los otros querían confiar en Roberto.

---

52   sign, signal   VocesDigital.com/SVP24
53   to rescue us

Capítulo 8

En ese momento, Roberto y los otros tenían que **enfocarse**[54] en su principal responsabilidad: sobrevivir. Entraron al fuselaje para cuidar a los heridos. Sacaron los cuerpos de los cinco nuevos muertos.

Había un problema, y todos los sobrevivientes lo sabían. Para sobrevivir, necesitaban comer y beber. Buscaron comida y bebida en el avión. No había mucho. Encontraron una botella de licor y unos chocolates pequeños. Partieron los chocolates y los compartieron. Con un vasito se compartió el licor, una bebida que iba a ser usada para celebrar en el viaje de vuelta a casa después de una victoria en Santiago de Chile. Ahora nadie estaba celebrando ni riéndose ni pensando en el rugby. Bebieron el licor para **calentarse**[55] y tratar de sobrevivir.

La ayuda no llegó al segundo día. Tampoco llegó a la segunda noche.

---

54   to focus
55   to warm up

 VocesDigital.com/SVP25

Capítulo 9

El hambre. El frío. El silencio. El **agotamiento**[56]. La falta
de esperanza. La cercanía de los cuerpos de los amigos. Las
condiciones estaban por **vencer**[57] a los sobrevivientes al
amanecer del tercer día. Pero un milagro los **animó**[58].

Roberto se despertó cuando oyó un ruido afuera del fuselaje.
Se levantó, salió y vio algo que no pudo creer. Nando Parrado
se estaba moviendo. No estaba muerto.

«¡Nando está vivo!», les gritó Roberto a los otros en el
fuselaje.

Muchos salieron para ver a Nando. **Apenas**[59] estaba
respirando. Roberto lo **recogió**[60] y lo puso dentro del fuselaje.
Nando abrió los ojos un poco y miró a sus compañeros. Le
dieron abrigos y **trozos**[61] de chocolate.

«Nando, ¿me oyes? ¿Me oyes? Hemos chocado», le dijo
Roberto.
«¿Mi madre? ¿Mi hermana? ¿Dónde están?», respondió
Nando.
«Lo siento, hermano. Tu madre está muerta y tu hermana está
herida».

---

56 exhaustion
57 to defeat
58 it encouraged
59 barely
60 (s)he picked up
61 pieces

Usando toda sus fuerzas, Nando se acercó a su hermana, Susana. Ella vio a su hermano y trató de sonreír. No pudo. Tenía mucho dolor y poca fuerza. Nando le tocó la cara y le dijo:

«Estoy aquí. Te voy a cuidar».

Capítulo 10

Durante tres días, Nando recuperó sus fuerzas. El 21 de octubre, Nando pudo salir del fuselaje con Roberto para **repasar**[62] la situación. Miró a su alrededor y vio el hielo, la nieve, las montañas negras, las nubes y nada más. No había árboles. No había comida. No había vida.

«¿Dónde estamos?», dijo Nando.

«No sabemos», dijo Roberto. «En la cordillera de los Andes entre Argentina y Chile. Creo que el piloto se **equivocó**[63] en la ruta a Santiago».

«¿Cuántos han muerto?».

«Diecisiete, pero hay otros a punto de morir. Vamos a perder más si no llega la ayuda ya».

«¿Van a venir a rescatarnos?».

«No sé, hermano. Un avión pasó el segundo día, pero no sé si nos vio».

«Entonces, ¿qué hacemos?».

«Esperamos un **rescate**[64]».

«¿Y si no viene?».

Los interrumpió una voz desde dentro del fuselaje.

«Nando, ven. Tú hermana está mal».

Nando entró y se sentó al lado de Susana. Ella no podía hablar. Miró a Nando a los ojos. Nando la tomó en sus

---

62 to review
63 (s)he was wrong
64 rescue

brazos y trató de **calentarla**[65]. Pasó toda la noche con ella, **abrazándola**[66]. Su cuerpo no podía **superar**[67] las **heridas**[68]. No había medicina para curarla ni materiales para cuidarla. Durante la noche, Susana murió en los brazos de su hermano.

cuidar - To care For

65	to warm her
66	hugging her
67	to overcome
68	injuries

 VocesDigital.com/SVP30

Capítulo 11

Susana murió al noveno día después del accidente, pero la
esperanza murió al décimo día. Alguien encontró una radio
en el avión. No se podía usar para comunicarse, pero se podía
usar para escuchar. Los 27 sobrevivientes estaban escuchando
la radio cuando oyeron la noticia fatal:

*Las fuerzas aéreas chilenas y argentinas han abandonado
la **búsqueda**[69] del vuelo 571. No van a buscar más a los
posibles sobrevivientes. Que descansen en paz.*

Al oír esto, algunos empezaron a llorar o gritar. Se perdió
la última esperanza de un rescate. ¿Qué podían hacer? Iban
a morir todos en el desierto frío de la montaña. La única
pregunta que **quedaba**[70] era: ¿Qué los mataría? ¿El frío? ¿El
hambre? ¿La **locura**[71]?

Nando trató de animar a sus compañeros **diciéndoles**[72]
que no debían perder la esperanza y que encontrarían otra
manera de sobrevivir. Tenían que seguir viviendo para volver
a sus familias en Uruguay. Era evidente que a los otros les
costó confiar en Nando. Estaban **agotados**[73] y no había ni
esperanza ni vida en sus ojos.

Un hombre que se llamaba Carlitos sacó a Nando del grupo
para hablar con él a solas.

69	search
70	remained
71	madness
72	telling them
73	exhausted

«No hay comida», dijo Carlitos.

«¿Cómo?», respondió Nando.

«Hemos comido todos los chocolates, y he buscado por el resto del avión. Nada. No hay nada. No hay nada en las montañas. Ni la **rama**[74] de un árbol, ni un pájaro. Nada».

Nando pensó por un momento y preguntó:

«¿Y el piloto?».

«¿El piloto?», dijo Carlitos. «Está muerto. No nos puede ayudar para nada».

«Sí, nos puede ayudar».

«¿Cómo?».

«Podemos comerlo».

Capítulo 12

Un ser humano puede sobrevivir solamente dos días sin agua. Los sobrevivientes del vuelo 571 no tenían agua, pero tenía un **montón**[75] de nieve. Usaban un sistema de metal, botellas y el sol para **derretir**[76] la nieve y convertirla en agua. No les faltaba el agua. Se puede vivir unas semanas sin comida, pero el cuerpo empieza a fallar con el tiempo. Cada día, los sobrevivientes iban perdiendo más fuerzas. El fin llegaría pronto sin alimento.

Carlitos se acercó a Roberto.

«Nando se volvió loco», le dijo Carlitos.
«¿Loco? ¿Por qué?», dijo Roberto.
«Quiere comerse al piloto».
«No está loco. Hay otros que han tenido la misma idea».
«No puede ser. No podemos comernos a nuestros amigos. Nuestros hermanos».
«¿Prefieres morir?».

El instinto de sobrevivir es el más fuerte del ser humano. Bajo las circunstancias extremas, una persona puede hacer cosas que nunca **haría**[77] en la vida **cotidiana**[78]. La idea había entrado en las mentes de muchos. No había comida. Iban a morir sin alimentarse. Los cuerpos de 18 de sus compañeros estaban en la nieve. Eran sus amigos, sus hermanos y sus madres. Pero también eran la carne y la nutrición.

---

75   ton, pile
76   to melt
77   (s)he/it would do
78   daily

Dentro del fuselaje había un debate intenso:

Roberto les dijo a sus compañeros:
«Hermanos, creo que ha llegado la hora de tomar **medidas**[79] extremas. Nos faltan alimentos. Sin comer, vamos a morir. Hay 18 cuerpos afuera de este avión. Creo que debemos comer la carne de los cuerpos».

Hubo una conmoción entre la gente.
«Nada de eso», dijo alguien. «No voy a comerme a mis amigos».
«¿Canibalismo? No», dijo otro. «Prefiero morir».
Nando se levantó y les dijo:
«Compañeros, no hay otra opción. Si no lo hacemos, vamos a morir dentro de tres días».
«Entonces moriremos», dijo Carlitos. «No puedo. No puedo».
«No podemos morir. Tenemos que sobrevivir», dijo Nando.
«¿Por qué? ¿Cómo? No seas ridículo. Han abandonado la búsqueda. No vienen por nosotros. Es imposible. Vamos a morir. Acéptalo. Muere en paz, Nando».
«Nunca. No puedo aceptarlo. Voy a luchar hasta mi última respiración. Mi madre y mi hermana están muertas, pero mi padre no. Tengo que volver con mi padre. Todos tenemos que volver con nuestras familias. No podemos **rendirnos**[80]. Voy a hacer todo lo posible y, si tengo que comer la carne de los muertos…».

Carlitos se puso molesto y salió del fuselaje. Nando y Roberto miraron las caras de sus compañeros y supieron que la mayoría estaba de acuerdo. No querían comer carne humana, pero su instinto de sobrevivir iba a ganar.

---

79   measures
80   to give up

34

Nando salió para hablar con Carlitos. Carlitos estaba llorando
y le dijo:

«Son nuestros compañeros. Nuestros amigos. Nuestra
familia. Hace dos semanas jugábamos al rugby juntos.
Cenábamos[81] en sus casas. ¿Y quieres que me los coma?».
«*Eran* nuestros amigos», dijo Nando. «Ya no lo son. Son
cuerpos. Carne. Proteínas. Cuando miro el cuerpo de
Susana, no veo a mi hermana. Eso no es ella. Ella se ha ido.
Su cuerpo no es ella. Lo mismo que mi madre y todos los
demás[82]. No quiero comerlos, pero tengo que comerlos. Ellos
nos pueden ayudar. Si yo estuviera muerto, querría que me
comieras».

[Handwritten annotations:] OUR friends — Together — she has gone — I was — I would — You ate — Jugábamos — We were playing — Demás – The rest — and you want me to eat them? — Y quieres que me los coma?

---

81   we ale (used to eat)   VocesDigital.com/SVP35
82   the rest, others

Casi– almost, nearly

Capítulo 13

En la cama de la habitación del hospital, Camilo está
escuchando **atentamente**[83] a su doctor. Lo interrumpe:
«¡Qué **asco**[84]! ¿Querían comerse los cuerpos humanos?».
«Sí», respondió el médico. «Era la única opción para
sobrevivir».
«Pues, yo nunca comería a otra persona».
«No sabes eso. Bajo circunstancias extremas, una persona
puede hacer lo imposible».
«¿Y los comieron?».

Telling

El médico sigue contando la historia:

continues to

Con una **hacha**[85] y un **destornillador**[86] que encontraron en el
avión, Nando cortó un pedazo de músculo del primer cuerpo
humano. *cut* *piece* Casi todos los compañeros lo estaban mirando.
Nando tomó la carne en su mano, cerró los ojos, **rezó**[87] en
silencio, abrió los ojos, la puso en su boca y se la comió.

he continued *Ate it*

En silencio, Nando siguió trabajando. Cortó más pedazos y
se los dio a sus compañeros. Cada persona tomó su pedazo
con una expresión de tristeza y fue a un sitio solitario para el
difícil proceso de comerlo. *A lot* *Place*

Roberto fue el último en tomar un pedazo de carne. Se sentó
en el fuselaje del avión y la miró. Por un rato, no la pudo

83	alertly
84	disgust	*For awhile*
85	ax
86	screwdriver
87	(s)he prayed

he put

comer. Luego cerró los ojos, puso la carne en su boca y
se la **tragó**[88]. Al **tragar**[89] la carne humana, una *mixture* mezcla de
sentimientos **envolvió**[90] a Roberto. Primero, sintió pena por
la persona muerta y **culpa**[91] por su *own* propia vida y sus propias
acciones. Pero después, mientras su cuerpo reaccionaba al
primer alimento real desde hacía más de diez días, Roberto
empezó a sentir otras cosas: energía, esperanza.

Había un fuego afuera del avión, pero no había ni madera ni
mucho papel para quemar. Por eso, la mayoría de la carne
humana se consumía cruda.

Al principio, Carlitos y otros no querían comerse a sus
compañeros muertos. Pero poco a poco, cada persona **se dio
cuenta**[92] de qué *that* la carne humana era esencial para sobrevivir
y empezó a comer.

Los sobrevivientes hicieron un **pacto**[93]. Se tomaron de la
mano y se dijeron uno al otro:

Pena – shame Pity

88	(s)he swallowed
89	to swallow
90	wrapped
91	fault, blame
92	(s)he realized
93	pact

38

Si me muero, quiero que me comas para que puedas vivir.

Capítulo 14

it provided

Con la energía y la nutrición que les **brindaba**[94] la carne de los muertos, los sobrevivientes pasaron seis días ganando fuerzas. Empezaron a idear un plan para salvarse de su situación. Pero una tragedia destruyó sus planes.

Long

Las noches en la montaña eran largas. Duraban más de 14 horas. Durante una noche larga, los sobrevivientes se despertaron con un ruido fuerte. Primero, creyeron que era el motor de un avión y se emocionaron. Pero al rato, descubrieron que no era un avión. **Parecía**[95] una estampida de caballos **bajando**[96] la montaña. Pero no era una estampida, sino algo peor. Era una avalancha.

they woke up *Loud* *roar*

but *worse*

Desde la **cumbre**[97] de una montaña, un montón de nieve y hielo **cayó**[98] hacia el valle donde estaban el fuselaje y los 27 sobrevivientes. No había tiempo para escaparse. Y tampoco había adónde ir. La nieve de la avalancha les cayó encima y los **cubrió**[99] en un minuto.

& covered

---

94   it provided
95   seemed
96   going down
97   peak, top
98   it fell
99   (s)he/it covered

La nieve entró en el fuselaje por la sección abierta y enterró todo, incluso a las personas adentro.

Roberto estaba atrapado. Se estaba **ahogando**[100] en la nieve. No podía moverse. No podía respirar. Creía que había llegado al final de su vida. Después de luchar tanto contra el frío y el hambre, iba a morir bajo la nieve de una avalancha.

Pero de repente, Roberto oyó voces y vio manos que estaban quitando la nieve de encima de su cara. Carlitos, Gustavo y otros estaban libres y estaban buscando a sus compañeros. Después de cinco minutos, Roberto estaba libre y ayudó a buscar a otros. Encontró a Nando. Estaba vivo. Pero la avalancha mató a ocho personas; entre ellos, Liliana, la última mujer del grupo. **Quedaban**[101] solamente 19 sobrevivientes.

---

100   drowning
101   remained

El fuselaje quedó enterrado debajo de la nieve. Había un espacio pequeño dentro del fuselaje en el que los 19 sobrevivientes vivían, pero encima del fuselaje había un metro más de nieve. Ellos estaban entre dos capas de nieve, y la nieve de abajo contenía los cuerpos de sus compañeros **recién**[102] muertos.

Los sobrevivientes estaban dentro del fuselaje enterrado, sin moverse ni respirar demasiado por miedo a agotar todo el aire. Su avión se había convertido en un submarino, o peor, en una **tumba**[103].

«Cuidado con el aire, hermanos. Respiren lentamente», dijo Roberto.

«¿Qué importa?», dijo otro hombre. «Vamos a morir. Tarde o temprano vamos a morir».

«No digas eso. Cuando el sol derrita la nieve encima de nosotros, podremos escaparnos».

«¿Escaparnos? ¿A qué? ¿A la montaña? ¿Al viento? No. Es una cuestión de tiempo. Si salimos de esto, vamos a morir de todos **modos**[104]».

«No digas eso. Tenemos que sobrevivir. Lo que más importa es la próxima respiración. Vamos a respirar y vamos a vivir».

Roberto tenía razón. Después de dos días, Nando hizo un **agujero**[105] en la nieve de arriba que dejó entrar más aire. Y después de tres días, los 19 sobrevivientes pudieron salir del fuselaje.

 VocesDigital.com/SVP43

Capítulo 15

Durante las semanas siguientes, la nieve se **derritió**[106] y el fuselaje empezó a aparecer de nuevo en el valle de la montaña. Los sobrevivientes establecieron una rutina diaria. Tenían que convertir la nieve en agua, secar la ropa y buscar "la comida" cada día.

Algunos hombres trataron de hacer expediciones para investigar el terreno o buscar las otras partes del avión. Pero siempre regresaban después de poco tiempo. La nieve era profunda (más de 100 pies en algunos lugares) y el viento era cruel. El objetivo de las expediciones era encontrar algo, aunque fuera pequeño, para darles esperanza a los hombres, pero cada **fracaso**[107] les quitaba el ánimo y la esperanza. Para muchos, la opción más atractiva era morir. Pasaban el tiempo esperando el final.

Pero un invento los ayudó. Utilizando partes de los asientos del avión, se construyeron raquetas (zapatos que se usan para caminar encima de la nieve). Con las raquetas, podían trasladarse más lejos y más rápido.

Roberto, Nando y su compañero, Antonio, decidieron hacer una expedición con las raquetas. Querían probar cómo **funcionaban**[108] y cómo reaccionaban sus cuerpos a una aventura. Se alejaron del fuselaje y **bajaron**[109] por el valle. Poco a poco, pusieron más distancia entre ellos y sus

106	it melted
107	failure
108	they worked
109	they went down

compañeros. Después de caminar por unas horas, vieron algo increíble: la **cola**[110] del avión. Lo más rápido que pudieron, los tres hombres llegaron a la cola y buscaron algo que les pudiera servir. Encontraron unas maletas. Adentro, había chocolates, ropa y una cámara. También encontraron dos baterías grandes en el avión. Pasaron la noche en la cola del avión y regresaron al fuselaje el día siguiente.

Con las baterías, los hombres trataron de conectar la radio del avión para comunicarse con alguien, pero fue imposible. Las baterías les dieron esperanza, pero finalmente no les sirvieron para nada.

Nando usó la cámara para sacar algunas fotos. Creyó que un día alguien la encontraría y vería la evidencia de que había gente viviendo en la montaña.

Capítulo 16

El tiempo pasaba lentamente en la montaña. Las semanas se convirtieron en meses. Algunos pasajeros que habían sido heridos en el accidente murieron. No había nada para curarlos. Después de dos meses, quedaban vivos solamente 16 de los 45 pasajeros originales que habían salido de Uruguay para pasar un fin de semana en Chile, y habían consumido casi todos los cuerpos de sus compañeros muertos. Nando habló con Roberto y le dijo:

«Tenemos que buscar ayuda».

«¿Buscar ayuda?», le respondió Roberto. «¿Cómo? ¿Dónde?».

«Al oeste».

«¿Qué hay al oeste?».

«Chile. Al norte, al sur y al este están los Andes y nada más. Si vamos para el oeste, podemos llegar a Chile».

«Pero no sabemos cuánta distancia hay entre nosotros y Chile. Puede ser una eternidad, y no podemos escalar los picos de las montañas».

«Tenemos que intentarlo. Estoy **harto**[111] de esperar. Queda poca carne y dos de los cuerpos son de mi hermana y mi madre. No quiero comerlos. Prefiero morir intentando rescatarnos».

Nando, Roberto y Antonio decidieron salir en otra expedición, pero no para investigar el terreno, sino para buscar un rescate. Sabían que tendrían que viajar por muchos días **a través**[112] de un terreno difícil y con frío extremo.

Utilizando el **aislamiento**[113] **térmico**[114] del avión, Carlitos hizo un saco de dormir que los tres podrían usar para protegerse del frío. El 12 de diciembre, 61 días después del accidente, los tres hombres salieron. Antes de irse, Nando se acercó a Carlitos y sacó de su bolsillo un par de zapatillas de niño. Le dio una zapatilla a Carlitos y le dijo:

«Te prometo que voy a volver para reunir estas zapatillas. Cuando se junten, vamos a ir a casa. Pero si no regresamos, les doy permiso para usar los cuerpos de mi madre y mi hermana».

Nando, Roberto y Antonio salieron con suficiente carne humana para tres días y con esperanza en sus **almas**[115]. Fueron hacia el oeste con el deseo de llegar a Chile lo más pronto posible. El primer obstáculo que enfrentaron

---

111   sick and tired
112   across
113   isolation
114   thermal
115   souls

fue la ladera de una montaña. No podían pasarla sin subir. Esperaban subirla en un día, pero la **subida**[116] era difícil y lenta y duró tres días. Dormían por las noches en el saco de dormir y cada mañana se levantaban para seguir **subiendo**[117].

El tercer día, llegaron a la cumbre de la montaña. **Subieron**[118] los últimos metros con **prisa**[119] porque esperaban ver los valles verdes y la salvación del otro lado, pero lo que vieron los dejó desilusionados. Al llegar a la cumbre, Nando, Roberto y Antonio miraron al otro lado y vieron más picos y montañas **cubiertas**[120] de nieve y hielo.

Estaban **rodeados**[121] por las montañas por todas partes. No pudieron ver nada verde y nada de la salvación. Los tres cayeron en silencio. Sin decir una palabra, cada hombre comunicó el mismo sentimiento: la pérdida de esperanza. En ese momento, el rescate parecía imposible. Después de un tiempo, Nando empezó a hablar. Le dijo a Roberto:

«Pues, no hay posibilidad de sobrevivir a esto, pero no podemos volver. Hemos llegado a este punto. Tenemos que seguir. Vamos a morir, pero vamos a morir en el intento». «Estoy contigo. Hemos hecho mucho juntos. Hagamos algo más. Vamos a morir juntos», dijo Roberto.

116	climb
117	climbing
118	they climbed
119	hurry
120	covered
121	surrounded

 VocesDigital.com/SVP49

Capítulo 17

Roberto y Nando querían seguir con la expedición, pero había un problema: Antonio no tenía la misma motivación y no permitía que el grupo continuara a la velocidad necesaria. Roberto y Nando le pidieron que regresara con los otros en el fuselaje. Con mucho gusto, Antonio los dejó, bajó la montaña y volvió con los compañeros en el avión. Cuando llegó, les **contó**[122] la mala noticia a los demás: que al otro lado de la montaña había un panorama de picos nevados y nada más.

Antonio les dejó su ropa y su comida a Roberto y Nando. Los dos siguieron con la expedición. Se prometieron uno al otro que no iban a dejar de caminar hasta encontrar ayuda o morir, y ambos creían que iban a morir.

Desde su posición en la cumbre de la primera montaña, Roberto y Nando podían ver dos picos en la distancia que no estaban cubiertos de nieve. Más allá de ellos parecía no haber nada. Tenían que creer que eso era Chile, su destino final. Pero el problema era que entre ellos y los dos picos había muchas montañas, picos, valles, nubes y nieve. Tendrían que cruzarlo todo antes de morir de hambre, frío o agotamiento. Parecía imposible. Ellos no sabían que la distancia era de más de 125 kilómetros.

Sin la opción de regresar, Roberto y Nando empezaron a bajar la montaña hacia el valle. El viaje era difícil, pero cada hombre iba paso a paso. No podían pensar en otra cosa. Dar un paso. Dar otro paso. Dar otro paso. Por siete días.

Capítulo 18

El duro viaje duró diez días. Roberto y Nando siguieron adelante con unas fuerzas increíbles. Solamente pararon para descansar de a ratos. Nunca construyeron un refugio. Comieron pocos trozos de carne de vez en cuando. Bajaron a los valles y subieron a las cumbres. Tenían que escalar **precipicios**[123] **rocosos**[124] y **andar**[125] por nieves profundas. Cuando estaban en los valles podían ver la inmensidad de las montañas que los **rodeaban**[126]. Y frente al gran **tamaño**[127] de las montañas, Roberto y Nando sentían que no podían avanzar.

Pero los dos valientes hombres sí avanzaron, y después de ocho días lograron su primer éxito. Llegaron a una línea en el **suelo**[128] donde la nieve se acababa y empezaba la tierra. Roberto puso un pie en la tierra y sintió una esperanza que no había sentido desde el primer día después del accidente. ¿Sería posible? ¿Podrían encontrar la salvación?

Les faltaba más viaje, pero las condiciones habían cambiado. La temperatura había subido y la ruta era más fácil sin la nieve profunda. Con más energía y velocidad, Roberto y Nando siguieron avanzando. Pero la temperatura más alta

---

123	cliffs
124	rocky
125	to go, walk
126	they surrounded
127	size
128	ground

causó otro problema. Sin el frío, no podían mantener la poca comida que quedaba. Empezó a ponerse mala. Sabían que tenían que encontrar algo ya o morirían de hambre. La necesidad de rescate era aun más urgente.

Capítulo 19

Roberto se enfermó con disentería, pero los hombres no podían parar en su búsqueda de ayuda. Estaban bajando una montaña cuando oyeron algo nuevo. Agua. Un río. Con toda la fuerza que quedaba en sus **débiles**[129] cuerpos corrieron hasta la **orilla**[130] del río y bebieron agua. El río pasaba por la montaña y bajaba por un valle. Cerca del río había zonas verdes, la primera señal de vida que los hombres habían visto en más de dos meses.

Siguieron bajando la montaña al lado del río. Mientras avanzaban, veían cada vez más **pasto**[131], más plantas, más vida, hasta que vieron otra maravilla que al principio no podían creer: una vaca. Había una vaca. Roberto le gritó a Nando:

«¡Una vaca!».

«¡Una vaca!», repitió Nando. «¡Y si hay una vaca, hay humanos!».

---

129   weak
130   shore, edge
131   grass

Roberto y Nando estaban en un paraíso. Había plantas, animales y esperanza. Continuaron el viaje por unas horas siguiendo el río hacia el **fondo**[132] del valle. Después de unas horas decidieron descansar un poco. Se sentaron y miraron a su alrededor. Algo le llamó la atención a Roberto, pero no estaba seguro de que fuera real y no una ilusión. Le dijo a Nando:

«¿Hay un hombre en un caballo?».
«¿Dónde?», dijo Nando.
«Allí», dijo Roberto **señalando**[133] con la mano. «Al otro lado del río».

Nando miró y vio al hombre en un caballo. Los dos se pusieron de pie de un salto y empezaron a gritarle al hombre.

«¡Oye! ¡Ayuda! ¡Socorro! ¡Estamos aquí!».

---

132   bottom
133   signaling

El hombre en el caballo los vio, pero no pudo oírlos a causa del ruido del río. Movió los brazos y dijo algo. Se dio vuelta en el caballo y se fue. Roberto y Nando tenían que creer que iba a volver para ayudarlos. Llegó la noche y decidieron quedarse en el mismo sitio. Se durmieron felices, anticipando lo mejor para el día siguiente.

A la mañana siguiente, Roberto y Nando se despertaron y vieron un fuego pequeño en la orilla del río del otro lado. Por la disentería, Roberto seguía muy débil. Por eso, Nando se levantó y se acercó solo. Había un hombre en el otro lado del río. El hombre y Nando trataron de hablar, pero no pudieron comunicarse. El hombre recogió una **piedra**[134] y sacó un papel y un lápiz. Ató el papel y el lápiz a la piedra y le **tiró**[135] todo a Nando. Nando lo recogió, abrió el papel y, con el lápiz, escribió:

Vengo de un avión que cayó en las montañas. Soy uruguayo. Hace diez días que estamos caminando. Tengo un amigo herido arriba. En el avión quedaron 14 personas heridas. Tenemos que salir rápido de aquí y no sabemos cómo. No tenemos comida. Estamos débiles. ¿Cuándo nos van a buscar allá arriba? Por favor. No podemos ni caminar. ¿Dónde estamos?

Nando ató el papel y el lápiz a la piedra y se la tiró al hombre del otro lado del río. El hombre la recogió y abrió el papel. Lo leyó, miró a Nando y volvió a leerlo. El hombre le tiró un pan y un trozo de queso a Nando, montó sobre el caballo y se fue. Nando le llevó el pan y el queso a Roberto para una cena y una celebración.

---

134   rock
135   (s)he threw

 VocesDigital.com/SVP57

Capítulo 20

Roberto y Nando estaban casi seguros de que alguien iba a rescatarlos, pero tenían que esperar. Aunque hubieran **querido**[136] seguir, no habrían podido. Estaban débiles y agotados. Habían dejado todas sus fuerzas en las montañas durante su expedición de diez días. Lo único que podían hacer era esperar.

Tuvieron que esperar más de diez horas. El hombre en el caballo fue a un pueblo y **advirtió**[137] a un grupo de militares sobre lo que había encontrado en la montaña. Dirigió a los militares a caballo hasta donde estaban Roberto y Nando.

El 21 de diciembre, 71 días después del accidente del vuelo 571, Roberto Canessa y Nando Parrado **fueron rescatados**[138]. Cuando los hombres a caballo llegaron al sitio donde estaban, Roberto y Nando sonrieron y les **agradecieron**[139], pero les costó hacer mucho más. Con ayuda, montaron a caballo y fueron llevados a un campamento en Los Maitenes, Chile. En el campamento, tuvieron el banquete de sus vidas. Les dieron más pan y queso y se los comieron como lo haría cualquier persona que no ha comido en dos meses.

A la mañana siguiente dos helicópteros llegaron al campamento. También llegó la **prensa**[140]. Los periodistas, fotógrafos y reporteros querían ver a los sobrevivientes

136   wanted to
137   (s)he warned
138   were rescued
139   they thanked
140   press

del milagro en los Andes. Sacaron fotos y entrevistaron a Roberto y a Nando. **A pesar**[141] de las muchas preguntas, los dos se **negaron**[142] a contestar preguntas sobre con qué se **alimentaban**[143] y cómo habían podido sobrevivir tanto tiempo.

El piloto de un helicóptero tenía un mapa y le preguntó a Nando:

«¿Dónde está el avión? ¿Me puedes mostrar en el mapa?».
«Allí», dijo Nando, señalando el sitio donde estaba el fuselaje y los otros sobrevivientes.
«Imposible. Eso es Argentina».
«No sé qué país es, señor, pero allí están mis compañeros y tenemos que rescatarlos».
«¿Entonces los dos cruzaron los Andes a pie desde Argentina? ¿Cómo es posible?».
«No había otra opción».
«Yo no puedo encontrarlos solo. Tienes que venir conmigo».

---

141   in spite
142   they refused   VocesDigital.com/SVP60
143   they fed

Capítulo 21

En el fuselaje, los otros 14 pasaron los días escuchando la radio que tenían. El 21 de diciembre, oyeron la noticia que tanto esperaban. La **embajadora**[144] uruguaya anunció que dos hombres habían aparecido en las montañas de Chile. Los hombres celebraron. Rieron y se **abrazaron**[145]. Sabían que estaban a punto de regresar a casa.

Al día siguiente, Nando se subió a un helicóptero con el piloto. Otro piloto tomó control de otro helicóptero y los dos despegaron del campamento en Los Maitenes, Chile, para buscar a los compañeros en el fuselaje. Nando los guió por la misma ruta que había caminado con Roberto. Fue un viaje de 60 kilómetros. Volando en helicóptero, duró unas pocas horas. Caminando, **escalando**[146] y luchando contra el hielo y la nieve, había durado diez días.

Los pilotos no pudieron ver el fuselaje blanco en la nieve, pero Nando los llevó al sitio exacto donde estaban los otros. Cuando se **acercaron**[147], vieron a los 14 **brincando**[148] y haciendo **señas**[149] con los brazos.

Tres hombres abordaron el helicóptero de Nando y tres más abordaron el otro. Pudieron rescatar solamente a seis hombres. Tendrían que regresar por los demás. Un equipo

---

144	ambassador
145	they hugged
146	climbing
147	they approached
148	jumping
149	signs

de médicos y montañeros se quedó con ellos. A causa de una tormenta, tuvieron que pasar una noche más en el fuselaje. Pero al día siguiente, fueron rescatados.

Todos los hombres fueron llevados a hospitales de Chile. Cuando salieron de los hospitales se reunieron en el Hotel Sheraton para la fiesta de sus vidas. Comieron, se abrazaron y celebraron la vida. Poco a poco, sus familias y amigos llegaron a Chile para participar de la celebración.

Capítulo 22

En poco tiempo, todo el mundo sabía del milagro que había ocurrido en los Andes; que 16 hombres habían sobrevivido por 72 días y que dos héroes habían caminado 60 kilómetros por terreno montañoso para **buscar**[150] ayuda. Los periódicos lo contaron. Los canales de televisión y las **emisoras**[151] de radio lo anunciaron.

Carlos Páez, el padre de Carlitos, leyó la lista de sobrevivientes en la radio uruguaya. Todo el mundo celebró el milagro.

- José Pedro Algorta
- Roberto Canessa
- Alfredo Delgado
- Daniel Fernández
- Roberto "Bobby" Francois
- Roy Harley
- José "Coche" Luis Inciarte
- Álvaro «Mango» Mangino
- Javier Methol
- Carlos Páez Rodríguez
- Fernando "Nando" Parrado
- Ramón "Moncho" Sabella
- Adolfo "Fito" Strauch
- Eduardo Strauch
- Antonio "Tintín" Vizintín
- Gustavo Zerbino

<u>Pero en los días</u> siguientes al rescate, otro tema empezó a

---

150   to search
151   radio stations

aparecer en la mayoría de los artículos: el canibalismo. Había muchas preguntas, **conjeturas**[152] y críticas sobre cómo habían podido sobrevivir los hombres por tanto tiempo sin comida. Era casi obvio que tenían que haber comido a los muertos.

Todo el mundo se preguntaba: ¿Qué haría yo? ¿Comería carne humana para sobrevivir?

Con el deseo de presentar una respuesta clara y unida, los sobrevivientes dieron una conferencia de prensa en la que describieron todo lo que había pasado durante los 72 días. En general, el mundo aceptó las acciones de los sobrevivientes y los recibió con alegría.

Capítulo 23

En su cama del hospital, Camilo escucha cada palabra que le cuenta su doctor. Le dice:

«¿Es una historia verdadera?».

«Sí, señor», le dice el doctor.

«¡Increíble! ¿Y qué pasó con los sobrevivientes?».

«Siguen vivos. Después de ser rescatados, volvieron a sus vidas, pero con más gusto, y **agradecen**[153] cada día más. Nando se dedicó a las carreras de autos y a otros proyectos. Da discursos por todo el mundo sobre sus experiencias y sobre el espíritu humano. Tiene una familia. Es muy exitoso y está contento».

«¿Y Roberto?».

«Roberto es cardiólogo y se especializa en los corazones de los niños… y te va a operar mañana».

«Entonces, ¡¿usted es…?!».

«Sí, soy Roberto Canessa, uno de los dieciséis sobrevivientes».

«¿Y fue usted quien cruzó la cordillera con Nando para salvar a todos?».

«Sí, fui yo. Tenía que superar el miedo y hacer todo lo necesario para sobrevivir. Y si yo puedo caminar 60 kilómetros a través de la cordillera de los Andes en temperaturas bajo cero sin equipo, tú puedes enfrentarte a una operación».

«Tiene razón, doctor. Yo puedo. Gracias».

Sintiendo más paz en el alma y menos miedo, Camilo se **acuesta**[154] para descansar.

---

153   they thank   VocesDigital.com/SVP65
154   (s)he lies down

Glosario

a pesar	in spite
a través	across
abrazaron	they hugged
abrazándola	hugging her
(se) abrigaron	they bundled up
abrocharon	they buckled
acuesta	(s)he lies down
advirtió	(s)he warned
agotados	exhausted
agotamiento	exhaustion
agradecen	they thank
agradecieron	they thanked
aguantar	to bear, put up with
agujero	hole
ahogando	drowning

aislamiento	isolation
ala	wing
alcanzó	(s)he/it reached
(se) alimentaban	they fed
alma	soul
alquilar	to rent
amanecer	sunrise
amistoso	friendly
anda	walks, goes
andar	to go, walk
animar	to encourage
animó	it encouraged
apenas	barely
aprovechó	(s)he took advantage
asco	disgust
atentamente	alertly
aterrizar	to land
bajaba	it was going down
bajando	going down

bajaron	they went down
barata	cheap
bata	coat
brincando	jumping
brindaba	it provided
búsqueda	search
calentarla	to warm her
calentarse	to warm up
cayeron	they fell
cayó	it fell
cenábamos	we ate (used to eat)
chocado	crashed
choque	a crash
cinturones	belts
cobijas	covers, blankets
confianza	trust
conjeturas	assumptions
contó	(s)he told
coraje	courage

cotidiana	daily
cubiertas	covered
cubrió	(s)he/it covered
culpa	fault, blame
cumbre	peak, top
cómodo	comfortable
demás	the rest, others
derretir	to melt
derritió	it melted
despegó	it took off
desprendió	it detached
destornillador	screwdriver
detenerse	to stop
diciéndoles	telling them
débil	weak
embajadora	ambassador
emisoras	radio stations
enfocarse	to focus
(se) equivocó	(s)he was wrong

escalando	climbing
envolvió	wrapped
fondo	bottom
fracaso	failure
fueron rescatados	were rescued
funcionaban	they worked
gabinete	cabinet
había crecido	had been raised
hacha	ax
harto	sick and tired
haría	(s)he/I would do
herida	injury
lamentablemente	sadly
llenos	full
locura	madness
medidas	measures
modos	ways
montón	ton, pile
negaron	they refused

ondulado	wavy
orilla	shore, edge
pacto	pact
parece	seems, looks like
parecía	seemed
pasto	grass
pico	peak
piedra	rock
precipicios	cliffs
prensa	press
prisa	hurry
quedaba	remained
quedaban	remained
querido	wanted to
rama	branch
recién	recently
recogió	(s)he picked up
rendirnos	to give up
repasar	to review

resbalando	sliding
rescatarnos	to rescue us
rescate	rescue
rezar	to pray
rezó	(s)he prayed
rocosos	rocky
rodeaban	they surrounded
rodeados	surrounded
roto	broken
sangre	blood
se dio cuenta	(s)he realized
señal	sign, signal
señalando	signaling
señas	signs
socorro	help
subida	climb
subiendo	climbing
subieron	they climbed
subir	to go up

subió	rose
suelo	ground
superar	to overcome
supo	(s)he found out
tamaño	size
tiró	(s)he threw
tragar	to swallow
tragó	(s)he swallowed
trozos	pieces
tráemela	bring it to me
tubo	pipe, tube
tumba	grave
térmico	thermal
vencer	to defeat
vendrá	(s)he/it will come
vidrio	glass

Download free templates and worksheets by visiting

www.vocesdigital.com

The magic of stories with real-world
tasks and authentic culture.

NUESTRA HISTORIA

A complete and customizable digital curriculum
for Spanish Levels 1–4 + AP®.

Discover even more stories like this one, aligned to AP®
themes, plus comprehension activities, communicative
tasks, recording activities, CI videos, interactive Can-Do
Statements, integrated performance assessments,
and auto-graded activities.

www.vocesdigital.com
1-800-848-0256

Made in the USA
Coppell, TX
26 January 2023

11744961R00046